BOEKANALYSE

Die Kunst des Krieges

• • • • • • • • • • • • • • • •

Sᴜɴ Zɪ

BOEKANALYSE

Geschreven door Christophe Van Staen
Vertaald door Nikki Claes

Die Kunst des Krieges

• •

SUN ZI

SUN ZI

CHINESE GENERAAL, STRATEEG EN FILOSOOF

- **Geboren in de vi^e eeuw voor Christus.**
- **Stierf in de v^e eeuw voor Christus.**
- **Zijn werk:**
  - *Die Kunst des Krieges* (vi^e eeuw voor Christus), een verhandeling over militaire strategie

De biografie van Sun Zi (zijn echte naam was Sun Wu, wat eigenlijk "Meester Zon" betekent) is onvolledig en twijfelachtig, omdat ze pas eeuwen na zijn dood is gedocumenteerd. Volgens de overlevering leefde deze generaal uit de staat Qi (in het noorden van de huidige provincie Shandong, China) in de vi^e eeuw voor Christus, tijdens de Lente en Herfst periode (of Chunqiu periode, 722-481 voor Christus). De verspreiding van zijn *Art* of *War* bracht koning Helu van de staat Wu (nu provincie Zhejiang) ertoe belangstelling voor hem te tonen. Nadat hij hem op de proef had gesteld om zijn deskundigheid te testen, benoemde hij hem tot generaal van zijn legers.

DIE KUNST DES KRIEGES

DE OUDSTE BEKENDE VERHANDELING OVER MILITAIRE STRATEGIE

- **Genre:** Strategische verhandeling

- **Referentie-uitgave:** *L'Art de la guerre*, vertaling uit het Chinees en kritische uitgave door Valérie Niquet, Parijs, Éditions Economica, collectie «Bibliothèque stratégique», 1999, 178 blz.

- **1ᵉ editie:** onbekend, vermoedelijk rond VIᵉ eeuw voor Christus.

- **Thema's:** oorlog, strategie, psychologie, voorzichtigheid, kennis, filosofie

Sun Zi's *Die Kunst des Krieges is het* oudste bekende werk over militaire strategie. Volgens de auteur moet een goed gevochten oorlog snel en goedkoop zijn. Hij leert de kunst van het winnen door de vijand tot een fout te dwingen of tot overgave en hecht veel belang aan psychologie, sluwheid en spionage.

Dit traktaat heeft een beslissende invloed gehad op het militaire en vervolgens op het leidinggevende (business management) denken in de hele wereld. Bovendien komt de nadruk op de psychologie van de strijd terug in veel moderne conflicten.

SAMENVATTING

Wij geven een korte samenvatting van de fundamentele beginselen die in *De kunst van het oorlogvoeren worden besproken* en verdelen ze in vijf secties:

- de eerste beschrijft de algemene structuur van het werk;

- de tweede en de derde bevatten psychologische aanbevelingen (met betrekking tot kennis van de vijand en het gebruik van misleiding);

- het vierde en vijfde hebben betrekking op tactisch advies (over goed militair beheer en risicobeperking).

DE STRUCTUUR VAN HET WERK

Het boek bestaat uit 13 artikelen die alle aspecten van de oorlogskunst volgens Sun Zi behandelen. Zij staan los van elkaar en zijn niet bedoeld als een chronologische uiteenzetting van de voorbereidende stadia van een confrontatie. Deze sequentiële organisatie is echter vrij los en komt voort uit één enkele filosofie, en het gebeurt vaak dat begrippen die in het ene hoofdstuk worden belicht, in de volgende worden herhaald.

Er is ook een verschuiving in perspectief van het algemene naar het specifieke. Het eerste artikel is namelijk gewijd aan strategische plannen en het laatste aan specifieke aanbevelingen, zoals brandaanval of spionage.

Sun Zi stelt dat militaire overwinning een kwestie van berekening is: "Die Kunst des Krieges is: eerst meten, ten tweede capaciteiten inschatten, ten derde berekenen, ten vierde evalueren, ten vijfde winnen. (p. 116) De generaal die wint is dus de meest vooruitziende, degene die rekening heeft gehouden met een reeks variabelen waarvan Sun Zi een inventaris maakt (de topografie, het moreel van de troepen of de omstandigheden van de confrontatie bijvoorbeeld).

KENNIS VAN DE VIJAND

Een van Sun Zi's beroemdste citaten is: "Ken je vijand en ken jezelf, zodat de overwinning niet onvolledig zal zijn […]." (p. 135) Aangezien de krijgskunst volgens hem de beheersing van verschillende variabelen inhoudt, is deze aanbeveling essentieel, omdat hij onder meer de generaal, de methode en de deugdzaamheid van de tegenstander benadrukt.

- Sun Zi legt uit dat een goede generaal zijn troepen moet kunnen leiden "als een kudde schapen" (blz. 139). Deze macht komt voort uit de rechtvaardigheid van zijn bevel. De strateeg schetst vervolgens een psychologisch portret van verschillende generaals die deze kwaliteit missen, en wijst erop hoe ze het beste ervan kunnen profiteren: "Hij wiens mannen de hele tijd ruziën en samen marcheren, heeft het vertrouwen van zijn troepen verloren. Wie te veel beloningen uitdeelt, zit in de problemen. Wie veel straft, zit in de problemen. (p. 131)

- De methode heeft betrekking op de organisatie van de troepen, die per leger verschilt.

- Onder deugd, tenslotte, verstaat hij de morele oorzaak van een militaire campagne en de overeenstemming van de onderdanen met hun heerser, waarvan hun betrokkenheid bij het conflict afhangt.

Deze gegevens moeten bekend zijn om een effectieve oorlog te kunnen voeren, vandaar het belang van spionnen, dat wordt benadrukt door de auteur, die het dertiende van zijn artikelen wijdt aan het gebruik ervan. Hij merkt ook op dat deze kennis van de vijand niet alleen moet voortkomen uit observatie, maar ook uit provocatie: "Hij moet worden getest om zijn sterke en zwakke punten te kennen." (p. 122)

PSYCHOLOGISCHE OORLOGSVOERING

Het de tegenstander moeilijk maken is een ander centraal punt van Sun Zi's *Die Kunst des Krieges*. In zijn hele tekst hamert de auteur op het belang om zijn vijand te misleiden: "Men moet de vijand dwingen omwegen te nemen, hem lokken met aas […]". (p. 124)

Het begrip contraspionage verschijnt vervolgens in zijn verhandeling, via de aanbeveling om het lekken van valse informatie te organiseren ('Oorlog is de kunst van het bedrog. Daarom moet hij die bekwaam is, doen geloven dat hij onbekwaam is", blz. 108); "Om valse informatie naar buiten toe door te geven, zorg ik ervoor dat mijn eigen spionnen hiervan op de hoogte zijn en deze doorgeven aan de vijandelijke spionnen […]", blz. 145).

Het doel van deze manoeuvres is te kunnen "profiteren van het feit dat de vijand niet klaar is, om aan te vallen waar hij dat niet verwacht, op een onvoorspelbare manier" (blz. 137).

In zijn derde artikel legt Sun Zi uit dat het beter is om eerst de plannen en allianties van de vijand aan te vallen, om zo de omstandigheden die gunstig zijn voor zijn overwinning teniet te doen, alvorens zijn legers aan te vallen. "De goede strateeg onderwerpt de vijand zonder te vechten, neemt vijandelijke steden in beslag zonder ze aan te vallen" (p. 112), schrijft hij.

Vanaf dat moment is overgave de prioriteit. Het kan worden bereikt als de tegenstander van zijn macht wordt beroofd: "Je moet eerst grijpen wat hij het meest waardeert, dan zal hij naar je luisteren. (p. 137) Dominantie wordt dus niet bereikt door geweld, maar door vaardigheid en sluwheid, waardoor zware menselijke verliezen worden vermeden.

HET BEGINSEL VAN GOED BEHEER

Als Sun Zi streeft naar minimale menselijke verliezen, dan is dat omdat een algemeen principe van zuinigheid zijn *Die Kunst des Krieges* beheerst. Hij beveelt aan:

- de hoeveelheid voorraden die het leger nodig heeft te verminderen door de voedselvoorraden van de tegenstander ("de wijze generaal moet zich voeden met de vijand", blz. 111) en zijn militaire uitrusting in beslag te nemen en tegen hem te gebruiken;

- de vermoeidheid van de soldaten verminderen door onnodige verplaatsingen te vermijden. Omgekeerd raadt hij aan de tegenstander aan te moedigen de afstand tussen hen af te leggen, in de verwachting dat hij het meest uitgeput is als hij aankomt. "Een goede vechter moet de vijand aantrekken en niet door hem aangetrokken worden" (p. 120), legt hij uit;

- om het moreel van de troepen hoog te houden. "Als de soldaten worden gegeseld, maar niet geliefd zijn, kunnen ze niet worden vertrouwd. (p. 132) Dit impliceert bepaalde kwaliteiten in hun generaal, die eerlijk en onpartijdig tegenover hen moet zijn. De commandostructuur moet ook overal sterk zijn en de generaal moet in al zijn ondergeschikten dezelfde kwaliteiten cultiveren, want "als de soldaten sterk zijn en de officieren zwak, leidt dit tot slapte" (blz. 134).

Tenslotte preciseert Sun Zi dat een generaal kan weigeren een bevel van zijn vorst op te volgen, als de vorst hem dwingt zich te onttrekken aan het absolute beginsel van intelligent beheer van de strijdkrachten: "Als de overwinning zeker is en de vorst zegt 'niet vechten', is het geoorloofd te vechten; als de overwinning niet mogelijk is en de vorst zegt 'je moet vechten', is het geoorloofd niet te vechten." (p. 135)

HET VOORZORGSBEGINSEL

Naast het beginsel van zuinigheid is er het beginsel van voorzichtigheid, dat vereist dat geen enkele troepenbeweging wordt bevolen zonder de zekerheid dat zij het leger niet in gevaar zal brengen. Zonder de zekerheid van de overwinning raadt Sun Zi aan elke confrontatie te vermijden: "Men moet een vijand niet aanvallen op hooggelegen terrein; men moet zich niet verzetten tegen een vijand die tegen een heuvel leunt; men moet een vijand die doet alsof hij vlucht, niet achtervolgen […]". (p. 126)

Idealiter is een gevecht alleen wenselijk als aan de eigen kant aan een reeks voorwaarden is voldaan en aan de andere niet:

stemming (d.w.z. vastberadenheid), geest (d.w.z. helderheid), kracht (d.w.z. vitaliteit) en omstandigheden (d.w.z. voorbereiding). Zo stelt Sun Zi dat "de instelling van hen die geen fouten maken moet zegevieren: zij winnen van een verslagen vijand. [...] Daarom is een zegevierend leger al overwinnaar voordat het de strijd opzoekt" (blz. 116).

Deze voorzichtigheid impliceert dat ook rekening moet worden gehouden met variabelen die onafhankelijk zijn van de vijand: klimatologische omstandigheden en topografie. Sun Zi wijdt zijn tiende en elfde artikel aan de configuratie van het terrein, waarvan hij negen soorten onderscheidt, elk met verschillende kenmerken, gunstig voor aanval of verdediging.

VERLICHTING

EEN DUBBELZINNIGE STATUS

Er bestaat enige twijfel over de precieze status van *Die Kunst des Krieges, die* soms wordt beschouwd als een origineel document en soms als een indirect verslag van Sun Zi's leer. [e]Het bestaan zelf van deze persoonlijkheid is in twijfel getrokken door sommige commentatoren, die dit traktaat toeschrijven aan Sun Bin, een strateeg uit de VIERDE EEUW voor Christus, wiens leven beter gedocumenteerd is. Hoewel deze hypothese nu door hedendaagse geleerden is verworpen, blijft de exacte identiteit van Sun Zi onzeker.

De vraag naar de ware auteur van het verdrag blijft complex. Elk artikel wordt ingeleid door de zin "Sun Zi said", wat kan suggereren dat het geschreven is door een derde. Veel passages zijn echter geschreven in de eerste persoon enkelvoud. Bovendien suggereert de deskundige toonzetting dat deze opmerkingen niet het werk zijn van een gewone kopiist, maar van een echte strateeg. Dit blijkt bijvoorbeeld uit de stellige uitspraak over het belang van voorbereiding: "Door beide partijen door dit criterium te observeren, kan ik zien wie zal winnen en wie zal worden verslagen." (p. 109)

ONTVANGST EN NAGESLACHT

Sun Zi's verhandeling werd al snel wijd verspreid en becommentarieerd in China. Het kreeg aanzienlijke erkenning in de XI[e] eeuw na Christus, toen keizer Shen Zong (1048-1085) het met een edict tot "militaire klassieker" bekroonde, samen met zes andere teksten. Deze zeven klassiekers werden vanaf dat moment onderwezen aan alle officieren in het Rijk, en onder hen werd *De kunst van het oorlogvoeren* als de belangrijkste beschouwd.

Na een zekere verwaarlozing werd het in de moderne tijd herontdekt en had het een aanzienlijke invloed op de vroege geschriften van Mao Zedong (1[er] president van de Volksrepubliek China, 1893-1976). Aan het begin van de burgeroorlog (1927-1950) was zijn kamp numeriek inferieur, wat hem ertoe bracht guerrilla-oorlogstechnieken te gebruiken en voortaan de aanbevelingen van Sun Zi toe te passen, die evenzeer verband hielden met de beginselen van economie en voorzichtigheid als met psychologie. Mao Zedong weigerde echter deze erfenis te aanvaarden – de academische en dus elitaire status van het traktaat ondermijnde zijn doctrine dat het verleden moest worden uitgewist om het volk de macht te geven – en werkte in plaats daarvan aan het opnieuw toe-eigenen van de voorschriften van de strateeg.

[e]Aan de westerse kant werd *The Art* of *War* pas in de 18e eeuw in Frankrijk geïntroduceerd, via de Jezuïetenmissie naar China (1582-1773). De eerste vertaler was pater Joseph-Marie Amiot (Fransman, 1718-1793), die het in 1772 publiceerde onder de titel *Les Treize Articles*. Deze versie, die de verdienste heeft de leefregels van Sun Zi in de Franstalige wereld te verspreiden, is echter niet erg trouw aan het origineel: Amiot bevat toelichtingen op de tekst en commentaren. Daarom werden andere vertalingen vervangen, maar die zijn gebaseerd op Engelse versies van de tekst. Pas aan het eind van de 20E EEUW[e] verscheen de eerste Franse kritische uitgave van *L'Art de la guerre*.

Het boek wordt nu wereldwijd beschouwd als een klassieker in zijn soort en is daarom aanbevolen lectuur op militaire academies. Het heeft ook toepassingen gevonden buiten het militaire domein, op het gebied van juridische strategie en in de concurrentieomgeving van grote bedrijven, vooral Amerikaanse en Japanse. Zo zijn de karaktereigenschappen die Sun Zi bepleit voor generaals tegenwoordig de basis voor het succes van managers; kennis van de tegenstander en spaarzaam beheer van middelen zijn noodzakelijk in elke concurrentiesituatie; wat spionage betreft: als de Chinese generaal het als militair opvat, kan het ook industrieel zijn.

SLEUTELS TOT HET LEZEN

EEN DIALECTIEK VAN DE INVENTARIS

Dialectiek" is een methode van redeneren of discussiëren. Die van Sun Zi *in Die Kunst des Krieges* lijkt op een inventaris. Hij somt vele variabelen op die verband houden met het militaire domein (bevelvoering, omstandigheden, topografie, enz.), die hij vervolgens een voor een uitwerkt, waarbij hij de uitkomst van evenveel verschillende scenario's verklaart. De verhandeling noemt daarom verschillende series:

- vijf voordelen (de toestand van het terrein, de verbindingswegen, de zwakte van het leger, de generaal en de versterkingen van de tegenstander);

- vijf gevaren voor een generaal (absoluut willen sterven, absoluut willen leven, boos zijn, eerlijk en onkreukbaar zijn, te veel van zijn mannen houden);

- vier manieren om troepen te plaatsen (in de bergen, bij rivieren, in de zoutpannen, op de hoogvlakten);

- zes soorten terrein (welke kunnen worden overgestoken, welke moeten worden bewaakt, welke moeten worden vastgehouden, waar zijn moeilijke doorgangen, welke zijn gevaarlijk en welke zijn afgelegen);

- zes cataclysmen (vlucht, vrijlating, gevaar voor de vijand, instorting, verwarring en nederlaag);

- negen soorten territoria (verspreiding, gemakkelijk, om voor te vechten, ontmoeting, kruispunt, moeilijk, waar je vernietigd kan worden, omsingeld en dodelijk);

- vijf manieren van aanvallen door vuur (verbranden van manschappen, voorraden, voorraadwagens, magazijnen en troepen) en vijf soorten vuur;

- vijf soorten spionnen (invloedrijk, insider, geflipt, opgeofferd en moeten leven);

- enz.

Door deze dialectiek van inventarisatie heeft *The Art of War* een uitputtende roeping: het probeert elk denkbaar scenario in de oorlog te behandelen. Sun Zi ziet zijn werk als een middel om "het te codificeren door [variabelen], [het te bestuderen] door plannen te maken om de situatie perfect te begrijpen" (p. 107). De aanpak van deze codificatie door de strateeg maakt de praktijk van de oorlogsvoering tot een kunst op zich.

HET FILOSOFISCHE SUBSTRAAT VAN *DIE KUNST DES KRIEGES...*

Die Kunst des Krieges heeft zijn wortels in het Taoïsme. Het Taoïstische geloof dat alle toestanden vergankelijk zijn, is de basis van Sun Zi's strategie. Volgens hem moet de overwinning alleen worden gegrepen als de omstandigheden gunstig zijn; als dat niet het geval is, moet de confrontatie worden uitgesteld. Een goede generaal moet daarom in staat zijn de constante variatie van factoren die de uitkomst van een veldslag beïnvloeden waar te nemen.

Als deze de ontwikkeling van de omstandigheden aan een gewapend front nauwkeurig kan lezen, weet hij wanneer hij moet toeslaan. Zo raadt Sun Zi aan op te rukken als de vijand zwak is en terug te trekken als hij sterk is. Hij verwoordt deze filosofie met name in zijn zesde artikel, getiteld "Van leegte en volheid". Daar schrijft hij, gebruikmakend van een metafoor, dat "het leger als water moet zijn: zoals water hoogten vermijdt en zich in holten stort, zo vermijdt het leger volheid en valt leegte aan" (blz. 123).

Om het universele karakter van deze mobiliteit van de dingen te illustreren, gebruikt Sun Zi de theorie van de vijf elementen (hout, vuur, aarde, metaal en water), die centraal staat in de Taoïstische filosofie ("Geen van de vijf elementen overheerst voor altijd de andere; geen van de vier seizoenen is eeuwig; sommige dagen zijn kort, andere lang; de maan sterft en wordt herboren", blz. 123).

In zijn retoriek neemt Sun Zi ook de complementaire tegenstellingen van de Chinese filosofie op (de zogenaamde yin en yang), bijvoorbeeld door de variabelen van klimatologische omstandigheden te beschrijven ("licht en schaduw, kou en warmte", p. 107). Sommige commentatoren stellen verder dat de strateeg, door oorlog te beschrijven als "het pad naar overleving of vernietiging" (p. 107), verwijst naar de Weg in de taoïstische betekenis van de term, die verwijst naar een persoonlijk moreel pad.

EEN GIDS IN PLAATS
VAN EEN HANDLEIDING

In zijn militaire verhandeling gebruikt Sun Zi een zeer catego-rische toon in de manier waarop hij zijn aanbevelingen naar voren brengt. Het werk lijkt aldus te worden voorgesteld als een handleiding waarvan de regels tot op de letter moeten worden opgevolgd, zoals de talrijke bevelen die in de tekst voorkomen, lijken aan te geven ("Sun Zi zegt", "U moet", "De generaal moet", enz).

Als je het echter beter bekijkt, zul je merken dat de meeste ideeën die naar voren worden gebracht eigenlijk brede prin-cipes zijn om over na te denken bij het opstellen van je strijd-plan, in plaats van technieken en tips om direct toe te passen. Zijn adviezen gaan namelijk zelden gepaard met concrete uitleg. Hoewel hij bijvoorbeeld zegt dat "in de oorlog het het beste is om de gecombineerde plannen van de vijand aan te vallen" (blz. 112), legt Sun Zi niet concreet uit hoe de vijand te verslaan. Hij illustreert zijn woorden niet met oorlogsver-halen, of zelfs met de verhalen van echte generaals, noch geeft hij voorbeelden van succesvolle strijdplannen of andere strategieën.

Vanaf dat moment lijkt wat uit de lijnen komt dichter bij een ideaal te staan, dat van een generaal en een goed gevochten oorlog. De principes die Sun Zi uiteenzet zijn dus vooral adviezen die moeten worden overpeinsd, onderzocht en geïntegreerd om een betere generaal te worden of, volgens een modernere lezing, een betere bedrijfsleider. *Die Kunst des Krieges wordt* dus geformuleerd als een gids die een manier van zijn voorstaat in plaats van een manier van doen. Daarom is deze verhandeling ook van toepassing op militair, economisch en zelfs sportief gebied.

MOGELIJKHEDEN TOT BEZINNING

EEN PAAR VRAGEN OM OVER NA TE DENKEN...

- Wat maakt *De kunst van het oorlogvoeren* 25 eeuwen na het schrijven ervan zo relevant?

- Sun Zi zei: "Om onstuitbaar op te rukken, moet men zich in de gaten van de vijand haasten." (p. 121) Commentaar op zijn verklaring.

- Hoe kan een generaal zijn vijand kennen?

- Wat is het voordeel voor een soldaat om te dienen onder een generaal die goed thuis is in Sun Zi's *Die Kunst des Krieges*?

- Welke invloed had de Taoïstische filosofie op de leefregels van de Chinese generaal?

- Hoe kan men zeggen dat *Die Kunst des Krieges* een uitputtende roeping heeft?

- Sun Zi, door een generaal toe te staan de bevelen van zijn koning niet te gehoorzamen als ze schadelijk zijn, begunstigt het principe van intelligent management boven strikte gehoorzaamheid. Wat voor drift kan zo'n vergunning veroorzaken?

- Terwijl generaals deze vrijheid hebben, raadt de strateeg hen aan te zorgen voor de strengste gehoorzaamheid van het volk en de officieren in het leger. Welke kwaliteit, die ontbreekt bij gewone soldaten maar aanwezig is bij goede generaals, rechtvaardigt dit?

- Is oorlog, volgens Sun Zi, een kwestie van deugd? Motiveer je antwoord.

- Kan de studie van dit werk volgens u een echt militair genie opleiden in de oorlogskunst, aangezien dit traktaat een uniek recept voorstelt?

OM VERDER TE GAAN

REFERENTIE-UITGAVE

Sun Zi, *L'art de la guerre*, vertaling uit het Chinees en kritische editie door Valérie Niquet, inleiding door Maurice Prestat, Parijs, Éditions Economica, collectie «Bibliothèque stratégique», 1999.

BENCHMARKSTUDIES

Fayard P., *Comprendre et appliquer Sun Tzu. La pensée stratégique chinoise: une philosophie en action*, Parijs, Dunod, coll. «Stratégies et Management», 2004.

Niquet V., *Les Fondements de la stratégie chinoise*, Parijs, Éditions Economica, coll. «Hautes études stratégiques», 1997.

Phelizon J.-F., *De oorlogskunst van Sun Tzu herlezen*, Parijs, Éditions Economica, serie «Stratèges et stratégies», 2008.

AANPASSING

Die Kunst des Krieges, manhua (Chinees stripverhaal) door Li Zhiqing en Li Weimin, 1995-2006.

*We horen graag van jou! Laat
een reactie achter op jouw online bibliotheek
en deel je favoriete boeken op social media!*

De uitgever garandeert de betrouwbaarheid van de gepubliceerde informatie, die echter niet onder zijn verantwoordelijkheid valt.

© 50minutes.com, 2023. Alle rechten voorbehouden.

www.50minutes.com

Master ISBN: 9782808688925
Papier ISBN: 9782808610322
Wettelijk depot: D/2023/12603/1312

Omslag: © Primento

Digitaal ontwerp: Primento, de digitale partner van uitgevers.